Dr. Helmut Nitsch

AF196335

Anleitung zum Geldanlegen

Das 1 x 1 der Aktien und Immobilien

Impressum

Dr.Helmut Nitsch
Corneliusstr.12
80469 München
089 23748166
ID: 47 239 866 012

contact@dr-nitsch-und-partner

Verlag und Druck: tredition GmbH, Halenreie 40-44, 22359 Hamburg

ISBN Taschenbuch: 978-3-7482-9902-8
ISBN Hardcover: 978-3-7482-9903-5
ISBN e-Book: 978-3-7482-9904-2

Bibliografische Information der Deutschen Nationalbibliothek:
Die Deutsche Nationalbibliothek verzeichnet diese Publikation in der Deutschen Nationalbibliografie; detaillierte bibliografische Daten sind im Internet über http://dnb.d-nb.de abrufbar
Alle Photografien sind im Einvernehmen und mit ausdrücklicher Erlaubnis von Fa. Haschtmann und Pixabay wiedergegeben

Renovierte Altbauten oder Neubau ?

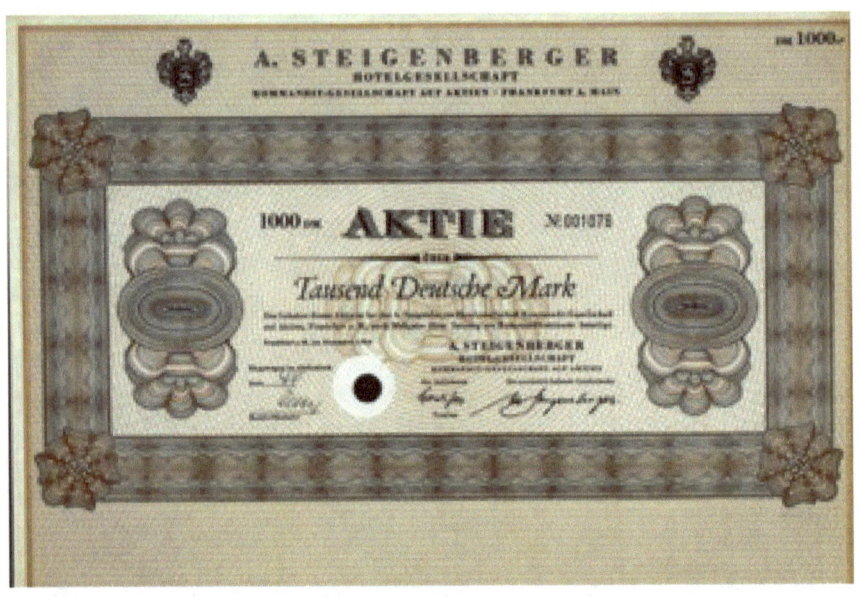

Oder Aktien ?

Vorwort

Ich werde oft gefragt, ob dies eine Anleitung zum Glücklichsein oder Glücklichwerden sei? Auch wenn viele Leute Glück scheinbar mit Geld verbinden, ist das natürlich keine Anleitung zum Glücklichwerden.

Glück hat für mich nichts mit Geld und Besitz zu tun und ich kann auch keinen anderen dazu anleiten, sein Glück zu bauen.

Ganz im Gegenteil, es ist naturgemäß eine Anleitung, wie Sie auf Kosten anderer, ohne wesentliche eigene Leistung, zu einem Mehrwert gelangen. Dieser Gedanke muß Ihnen natürlich entweder akzeptabel erscheinen oder aber nichts ausmachen.

Mit dem Credo „es steht ja jedem frei, das zu tun, was er möchte" sanktioniert modernes Demokratie- und Rechtsstaatsverständnis jede Haltung, solange sie nicht über den Besitz von Produktionsmitteln bzw. deren Entzug aus Privatbesitz nachdenkt.

Und noch eines vorweg: wir reden hier über den Lebensnerv der modernen Gesellschaft, den Kapitalismus, der aus den USA kommend sich nahezu weltweit ausgebreitet hat und heute ohne Alternative dasteht, allenfalls marginal werden ihm ein paar harmlose Gedanken in Richtung sozialer Marktwirtschaft gegenüber gestellt.

Daher tun Sie natürlich gut daran, einfach zu akzeptieren, dass das Kapital heute mehr denn je all unser Tun bestimmt. Sie werden bestimmt nicht an dieser Vorherrschaft rütteln können.

Aber es wird auch immer deutlicher, dass sich die Politiker immer genötigter sehen, das freie Spiel des Marktes im Bereich Bauen und 6Wohnen einzuengen und dem Spiel nach Rendite immer mehr Grenzen zu setzen.

Sollten die Einkommensscheren auch in Zukunft immer weiter auseinanderstreben, werden die Politiker nicht umhin können, über die Beteiligung der Arbeitnehmer an den Firmen nachzudenken.

In diesem Buch geht es also darum, das Handwerk des Kapitalismus, eben den Umgang mit Kapital, zu verstehen und die Gesetze und Regelmäßigkeiten einfach anzuwenden und für sich zu nutzen. Alles hängt dann nur von Ihren Ideen und Gedanken ab, zu deren Umsetzung ich Ihnen viel Erfolg wünsche.

I.
Erste Schritte

Einige Grundregeln am Anfang:

1. Grundsatz: Verfügungsgewalt über das Geld niemals aus der Hand geben. Sie müssen täglich über Ihr Geld verfügen können.

Positive Beispiele:
- Aktien, die Sie täglich verkaufen können
Negative Beispiele:
- geschlossene Immobilienfonds
- Beteiligungen an anderen Gesellschaften
- Private Equities

2. Grundsatz: Sie müssen von dem, was Sie tun, total überzeugt sein. Dabei muß nicht immer richtig sein, was Sie glauben, aber Sie müssen fest daran glauben. Wenn Sie das nicht tun, schlafen Sie schlecht und machen sich permanent Sorgen, was sogar krank machen kann. Es geht also in diesem Buch darum, dass Sie lernen, wie man zu festen Überzeugungen gelangt und wie Sie daraus Entscheidungen formulieren können.

3. Grundsatz: Vergessen Sie die gängigen Banken und deren Verbündete wie Versicherungen und Bausparkassen. Erst wenn Sie überzeugt sind und gar nicht mehr im Traume an die bekannten Sparkassen, Banken und ihre Konsorten denken, sollten Sie das Buch zu Ende lesen.

Vielleicht hilft es Ihnen:
- Banken benötigen 1% Einlage, um 99 % Kredite/Gelder von der Bundesbank zu bekommen, d.h. erst mit Ihrer Einlage ist es den Banken möglich, 99 x soviel Geld wie Sie gegeben haben, zum Spekulieren einzusetzen!

Auf der anderen Seite benötigen Sie noch so lange eine Bank zum Überweisen und zum Bezahlen, bis sich eine neue Währung, z.B. Kryptowährung evaluiert hat. Die klassische Bank als Bank zum Anlegen in Tagesgelder oder Festgelder hat ausgedient! Warum ?

Nun, einmal aus dem vorgenannten Grund, dem Faktor 99, und zum andern, weil die Vergütung, also der Zins unter der Inflationsrate (die war 2018 bei 1,92 %) liegt — ihr Geld also kontinuierlich während der Lagerung bei einer Bank an Kaufkraft verliert.

II.
Grundlagen

1. Finanzmathematik
- Einführung in die Zinsrechnung
- Einführung in die Rentenrechnung (siehe Kapital IV)

Wenn ich wissen will, was aus meinem Kapital nach einer gewissen Zeit geworden ist, das ist die Frage nach dem Stand meines Vermögens, muß ich mein Ausgangskapital (hier im Beispiel jetzt 100.-€) mit dem Verzinsungsfaktor, genauer den Potenzen des Faktors multiplizieren.

Bei 5% Zins geht das so:

nach 1 Jahr $\qquad$ 100 x 1,05

nach 2 Jahren $\qquad$ 100 x 1,05 x 1,05

......

nach 10 Jahren $\qquad$ 100 x 1,05^10 =
$$= 163$$

$$\{ \ 1,05^{10} \sim 1.63 \ \}$$

Falls Sie keinen Rechner haben, der Hochzahlen rechnen kann, dann gehen Sie bitte im Internet auf „web 2,0 rechner", geben 1,05 ein, klicken die x/y Taste an, geben dann 10 ein und klicken das = Zeichen an.

Umgekehrt können Sie wieder rückwärts rechnen, wenn Sie beispielsweise wissen wollen, wie gut sich Ihre Anlage verzinst hat. Nehmen wir das gleiche Beispiel zum Rückwärtsrechnen:

nach 10 Jahren ist mein Guthaben von 100 € auf 163 € gewachsen:

aus der Gleichung $100 \times 1{,}05^? = 163$
folgt ? = 10-te Wurzel aus 163/100 = 1,63

das Fragezeichen rechnen wir wieder mit dem web 2,0 aus:
1. Eingabe : Taste y-wurzel x   --->
2. sqrt(1.63, 10)
3. = anklicken

→ liefert 1,05000……

Dieses Rechnen wollen wir jetzt vertiefen, zugleich mit der Klasse der

II.1. Einzelaktien
(Investition in einzelne Aktien)

beginnen.
Wir überlegen uns mal, was wir für wirtschaftsstarke Unternehmen kennen: z.B.

netflix   Paypal   Amazon

Visacard   Mastercard   Coca Cola

Cisco   Apple   Tesla

und suchen uns dazu die sog.6-stellige WKN-Nummern (Kennummern für Aktienfirmen) im Internet heraus (zur Kennzeichnung gibt es auch die zwölfstellige ISIN-Nummern und auch TICKER-Symbole, 3-stellig für NYSE-notierte, 4-stellig für NASDAQUE notierte Abkürzungen).

Wir tippen bei Google zum Beispiel „netflix WKN" und erhalten folgende Nummern-Zahlen-Kombinationen:

netflix   552484

analog erhalten wir für paypal und amazon

Paypal   A14R7U

Amazon   986866

und für alle anderen

Alphabet(Google)	A14Y6F
Visacard	A0NC7B
Mastercard	A0F602
Coca-Cola	850663
Cisco	878841
Apple	865985
Tesla	A1CX3T

nehmen wir fairerweise auch noch einige deutsche Unternehmen hinzu, die international Beachtung (z.B. im Dax) finden:

BMW	519000
Bechtle	515870
Linde	A2DSYC
Adidas	A1EWWW
Wirecard	747206
Fresenius Care	578580
Allianz	840400
Daimler	710000

Passen Sie dabei auf, dass Sie nicht statt der zumeist verwendeten „Null" ein großes „O" eintippen!
Wenden wir uns jetzt mal Amazon zu:

Sie tippen dann bei den Online-Charts-Abietern,

> „finanzen.net",
> „boerse.de" oder
> „ONVISTA"

die WKN -Nummer 986866 ein und wählen in der Darstellung die langfristigen Charts, d.h. meist den 10-Jahres-Modus

Amazon

. Mit der Mausspitze auf dem Chart lassen sich dann von ganz links unten und ganz rechts oben ablesen (z.B. bei Onvista):

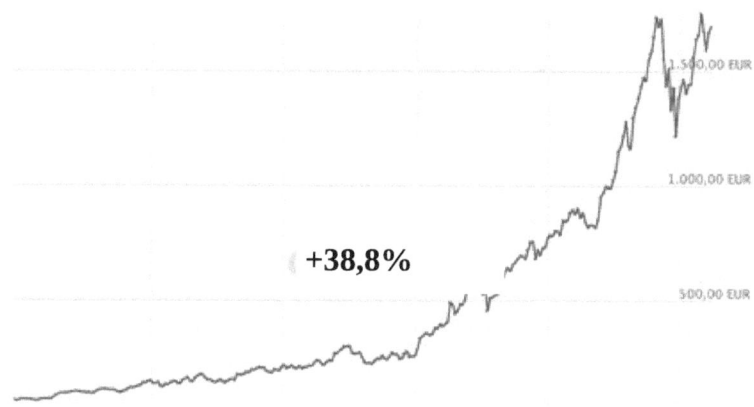

5/2009   5/2019
59,7.-€   1.589.-€

die beiden Kurswerte nach obigem Verfahren
errechnet ergeben 1,388 oder 38,8 % p.a.

Nächstes Beispiel:

Netflix

+ 54,7 % p.a.

netflix.
6/2009   6/2019
4,117 €   324,43 €
10-te Wurzel aus dem Quotienten 307,25/4,22=
1,547

Paypal

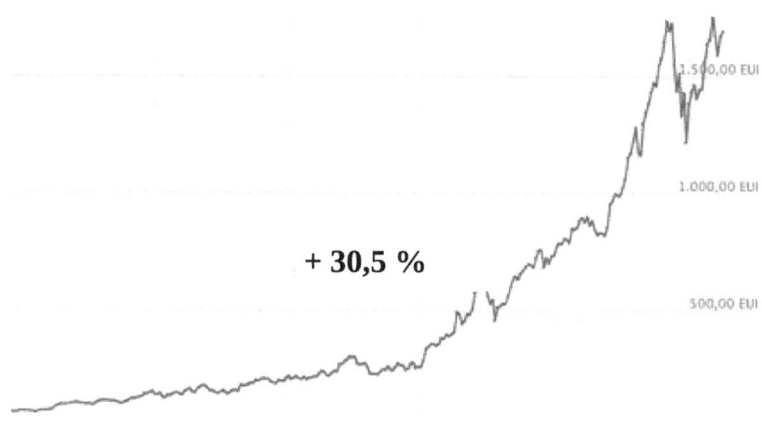

+ 30,5 %

2015   2019
33,74   97,98 €
4-Wurzel aus 97,98/33,74 = 1,305

und noch eines:
sieht man sich den Kurvenverlauf zum Schluß
(zeitlich 2018-2019/"oben" im Bild) an, so
stellt man fest, dass nur Paypal keine
Turbulenzen gezeigt hat, also im Augenblick
vielleicht ein Kandidat für ein Invest wäre.
Daher gilt: eine gute Analyse der vergangenen
Kursdaten ist extrem wichtig.
Dazu noch einen guten Spruch:
„Hin und her, macht Taschen leer" (gemeint:
ständiges Wechseln).

Tesla

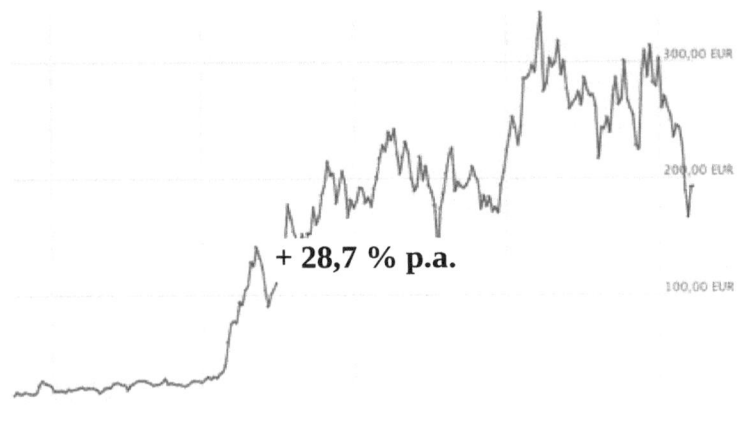

300,00 EUR

+ 28,7 % p.a.

200,00 EUR

100,00 EUR

7/2019   194,5 €
7/2009   16,5 €
i= 28,7%

    Manchmal wählt man eine Aktie nach
Gefühl, Tesla mag so eine sein. Die eigene
Unsicherheit spiegelt sich auch im
Anlegeverhalten (siehe obige Kurve), wobei
28,7 % p.a. ja nicht unbedingt schlecht sind.
Nun ist es aber wohl so, dass Daimler und BMW
die Elektromobilität entweder verschlafen
haben oder strategisch mit dem Verbrenn-
ungsmotor umgehen wollen.
    Sieht man aber mit welcher Dimension
Tesla das neue Zeitalter in Reno umsetzt, weiß
man, dass man auf die richtige Karte setzt.

16

Sie können mal die Charts von Daimler und BMW ansehen.
BMW

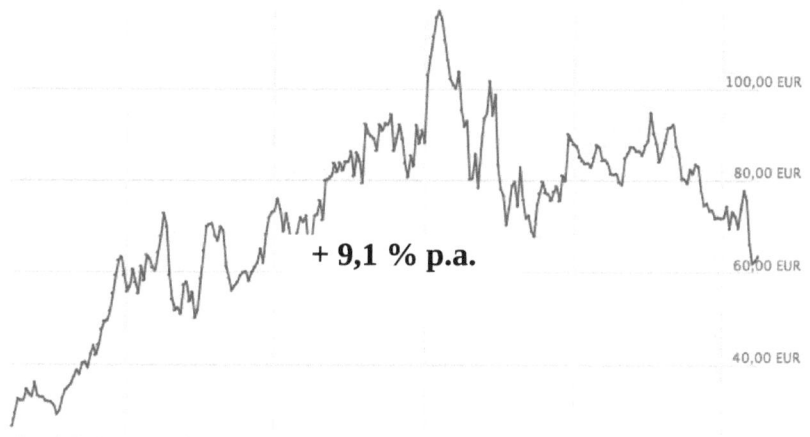

Daimler

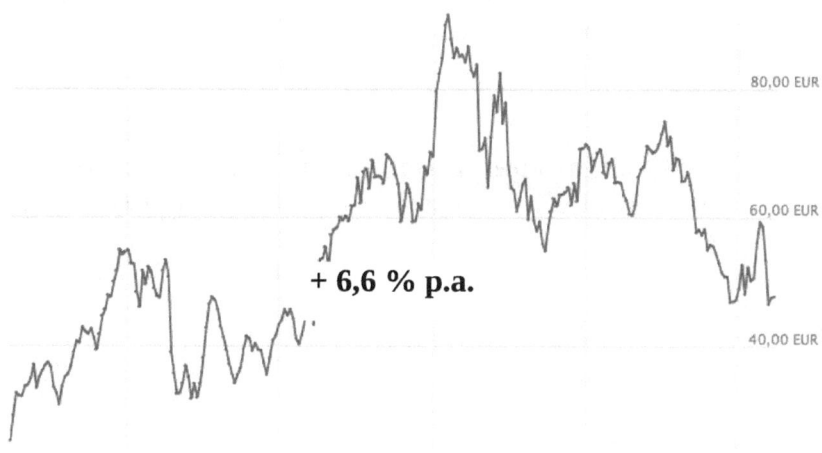

Man sieht schon am ewigen Gezapple des Kurses und dann an den fallenden Schlußkursen bei allgemein guter Börsenstimmung, dass die beiden großen deutschen Automobilhersteller ins Trudeln geraten sind.

Wir halten daher folgendes **Fazit** fest:

1. Wie vermutet, sind die großen amerikanischen Firmen in Punkto Rendite vorne,

2. allen voran (Mai 2019):

Amazon
Google

Nun gibt es aber noch drei andere Klassen von Charts, die Sie unbedingt verstehen müssen, einmal verschiedene

Aktien in einem Fonds (engl.: Funds / frz. Fonds) gebündelt

und

verschiedene Immobilien in einem Fonds gebündelt, Immobilieninvestgesellschaften,

und zum andern die

Index-Charts, aus denen meist die sog.

ETF`s (Exchange Traded Funds) abgebildet werden.

II.2. Die bekanntesten Fonds (Funds)

Fluktuationen in den Firmen (Apple, Tesla), nicht voraussehbare Ereignisse (Übergang zu E-Autos wie bei BMW etwa), aber meistens die Attacken der Banker haben schon frühzeitig die Anleger in Fonds flüchten lassen, da dort sehr viele Einzelaktien den Gesamtwert meist sehr gut konstant oder mit einem Plus halten lassen.

Der Nachteil dieser breiten Streuung und der damit verbundenen Risikowegnahme ist natürlich die abgesunkene Rendite.

Performance der USA basierten Funds: zwischen 6 % und 8 %

Pioneer

Fidelity

Tempeleton (heute Franklin-Templeton)

Dazu die Performance der früher in Deutschland beliebten Fonds:

Akkumula   oft > 10 %
Frankfurt-Trust 6 -10 %

II.3. Die bekanntesten Indices:
in den USA:

Dow Jones die 30 größten US-Unternehmen an
der NYSE (New York Stock Exchange)

Nasdaq 100 (die 100 größten US-Unternehmen)

Nasdaq Composite (1600 Unternehmen weltweit)

MSCI – Morgan Stanley Capital International

S&P 500 500 größten an NYSE, Nasdaq
gehandelten Firmen weltweit

in Deutschland:

DAX die 30 größten Unternehmen in
Deutschland

TecDax 30 größten dt.Unternehmen aus der
Technologie

M-Dax 50 mittelgroße Unternehmen

S-Dax 70 kleine und mittlere
Unternehmen

Die bekanntesten Immobilien-Fonds sind in den
USA die **REITS (Real Estate Investment Shares):**
bei der NASDAQ-Börse werden 4 Buchstaben, bei
der NYSE-Börse dagegen 3 Buchstaben

bekannte REITS Anbieter:

```
Vanguard   (VNQ)
Schwab     (SCHH)
ishares    (REET)
Fidelity   (REM)
```

Beginnen wir jedoch zunächst mit den

Indices:
Dow Jones (u.a. + Boing/Goldmann&Sachs /3M/
Apple/ McDonald/IBM/Visa/JPMorgan/Coca
Cola/Pfizer)

+ 12,4 % p.a.

Vorweg ein paar Worte zur getroffenen Auswahl.
Die USA haben nun mal die längste Phase einer
Demokratie (>200 Jahre) hinter sich gebracht.
Es ist daher kein Wunder, wenn die führenden
Rendite-Macher in den USA zuhause sind und
hier auch die Nase vornweg haben. Ohne
Amerika-Orientierung geht beim Anlegen nichts,
wenngleich die DAX und Dax -Angeschlossenen
sich nicht schlecht schlagen.

Nasdaq (National Assosiation of Securites Dealers Automatic Quotation) ist die größte elektronische Börse in den USA
Nasdaq 100 ist ein Index, der die 100 kapitalstärksten (Genau: größte Marktkapitalisierte i.e. Kurs x Aktienzahl) Firmen listet.

Nasdaq Composite listet über 3.000 überwiegend technologisch ausgerichtete Unternehmen weltweit

NASDAQ 100

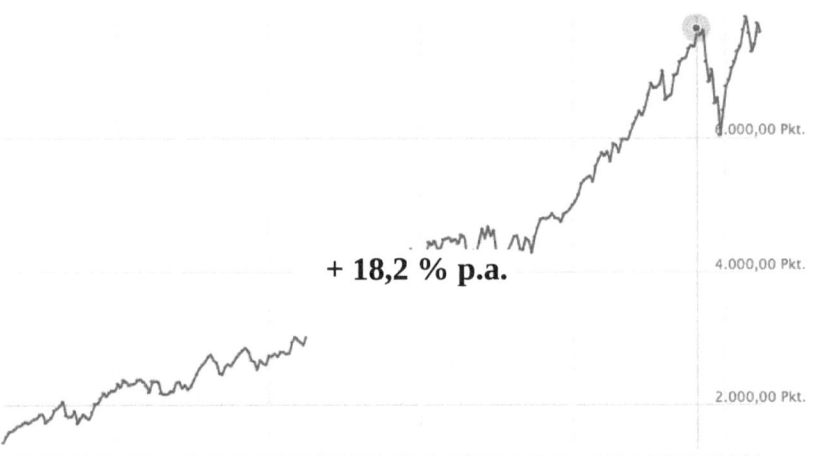

+ 18,2 % p.a.

.000,00 Pkt.

4.000,00 Pkt.

2.000,00 Pkt.

DAX

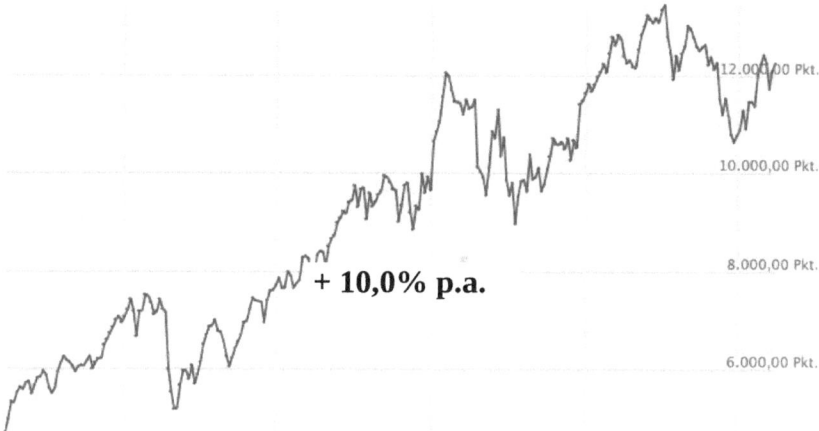

+ 10,0% p.a.

es folgen so mehrere Indices:

Dow Jones (s.oben)   11,8 % p.a.

Dow Jones Global Titans 50 (die 50 größten und bekanntesten „blue chips") mit 8,8 % p.a. Erfolg bei ishares

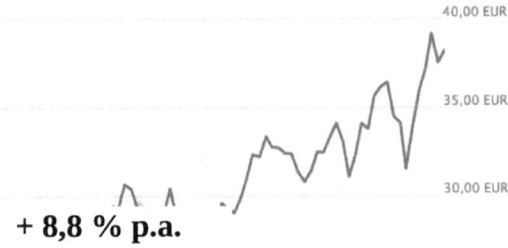

+ 8,8 % p.a.

40,00 EUR

35,00 EUR

30,00 EUR

25,00 EUR

20,00 EUR

15,00 EUR

ishares DJ Global Titans 50
4.6.2010   4.6.2019
17,20 €   36,96 €

Nasdaq 100   18,8 % p.a.

Nasdaq Composite   16,7 % p.a.

MSCI World   11,8 % p.a.

MSCI North America   10,7 % p.a.

MSCI ACWI (Morgan Stanley Capital International — All Country World Index 9,9%)

S & P 500   12,8 %

26

und schließlich die deutschen:

MDAX	16,3 % p.a.
TECDAX	17,6 % p.a.
SDAX	15,9 % p.a.

Und sehen uns gleich mal einen ETF von ishares (WKN: A0YEDK)an, der dem Dow Jones, mit einer Unterindexierung („Industrial Average") nachgebildet ist:

+ 14,7 % p.a.

Was man sofort registriert, ist:

1. dass so ein ETF, der einen Index, den Dow Jones, nachbildet, eine unglaublich gute Performance hinlegt.

2. Die ETF sind selten schlechter als die Indices selber.

3.Der größte Vorteil von ETF`s ist: sie können mit kleinen Beträgen (oft ab 25.-€ mtl. bespart werden **(Sparpläne), was jedoch nicht unbedingt empfehlenswert ist.**

ishares: Dow Jones Industrial Average

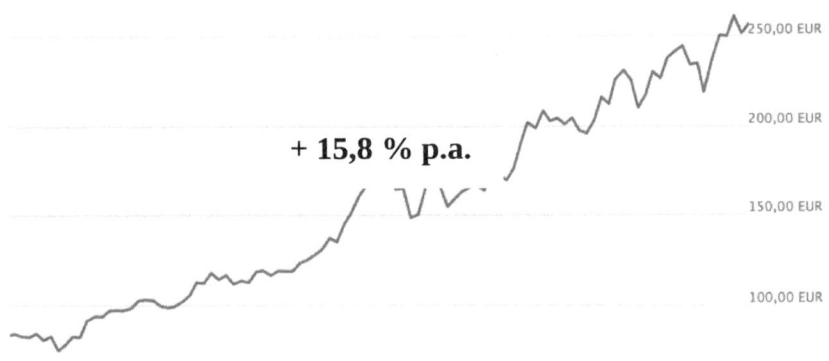

+ 15,8 % p.a.

250,00 EUR

200,00 EUR

150,00 EUR

100,00 EUR

ishares: Nasdaq 100
Studieren Sie diese Charts solange, bis Sie das nachstehend Gesagte nachvollziehen können.

Das Bisherige kurz gefasst:

Vorweg: Sicherheitsaspekte sind sehr abhängig von der Höhe des Ersparten. Wenn einer beispielsweise 500.000.-€ oder mehr auf seinem Giro-Festgeldkonto liegen hat, wird er möglicherweise dazu tendieren, alles „ganz sicher" zu machen d.h. entweder gleich bei

Tages-Festgeld zu bleiben oder in ganz sichere Bonds (Staatsanleihen), Pfandbriefe und Schuldverschreibungen zu investieren. Der Nachteil ist dabei der, dass seine Umgebung i.a. schneller an Kaufkraft verliert als seine Zinsen wachsen. Das kann ihm aber bei 500.000.-€ ziemlich egal sein.

1. Alle anderen werden nicht umhin können, sich dem Wirtschaftsleben anzupassen, d.h. weil die Änderungen so rasant und dramatisch sind, sowohl auf Aktien als auch auf Immobilien zu setzen.

2. **Für Immobilien brauchen Sie etwa 20 % Eigenkapital (i.a.50 - 60.000.-€) als Start und gutes Einkommen (> 50.000.-€)**

3. Also erste Entscheidung heißt: Immobilie, solange sie noch erschwinglich sind. Was zudem tun? Wer auf Einzelkurse setzt, wird also entweder auf die amerikanischen Renner **Amazon** (sehen Sie doch mal den chinesischen Konkurrenten ALIBABA an) oder **Netflix und Google** oder falls ihm die USA und deren Methoden (Amazon) nicht behagen, die deutschen **Adidas** oder **Daimler** (ggf. Linde) oder gar die Immobilienwerte **Vonovia** oder **Patrizia** wählen.

4. Wer sich also eine Immobilie (siehe auch Kapitel IV) zugelegt hat, der hat eigentlich genug für Sicherheit getan. Er hat sich klar gemacht, dass je breiter die Streuung (DAX: 30, Dow Jones 100, Nasdaq 100) desto geringer

die Rendite. Also wird er im Normalfall seinen „eigenen ETF" zusammenstellen:

```
Amazon + Netflix etwa   50%
(alternativ in die dt.Werte)
Visacard + Mastercard   20 %
Cisco + Tesla           20 %
Paypal                  10 %
```

i.A. (6/2019)steigt Paypal stark, also könnte man auch gut und gerne umgewichten:

```
Paypal                  50 %
Amazon                  25 %
Netflix                 25 %
```

Ist er aber sehr zögerlich und umsorgt und fühlt sich bei den einzelnen (z.B. amerikanischen) Aktien nicht so recht wohl, will auch nicht jeden Tag die Kurswerte verfolgen, kann er heute gut in die Index-abbildenden **ETF´s** investieren, die überwiegend und seit langer Zeit (!) von ishares (haben wohl die größte Erfahrung) aufgelegt werden, also dann heißt es auswählen:

ishares DJ (Dow Jones) …….

z.B.:

ishares DJ Global Sustainability

30

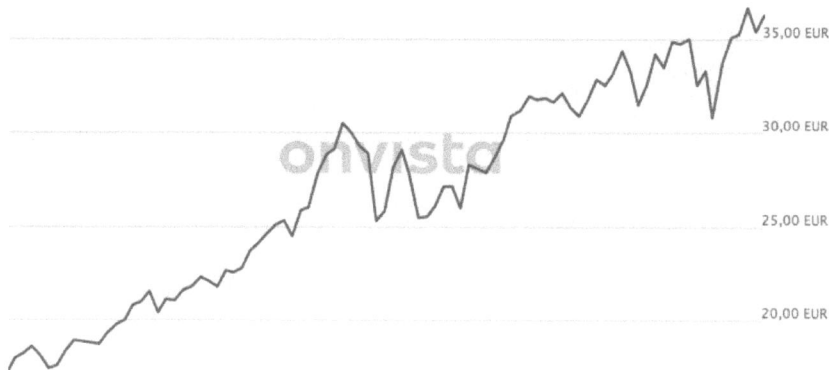

oder

$$+ 10,7\ \% \text{ p.a.}$$

ishares DJ Industrial Average
$$+\ 10,7\ \% \text{ p.a.}$$

+ 15,7 %

Nicht schlecht

oder

ishares DJ Global Titans

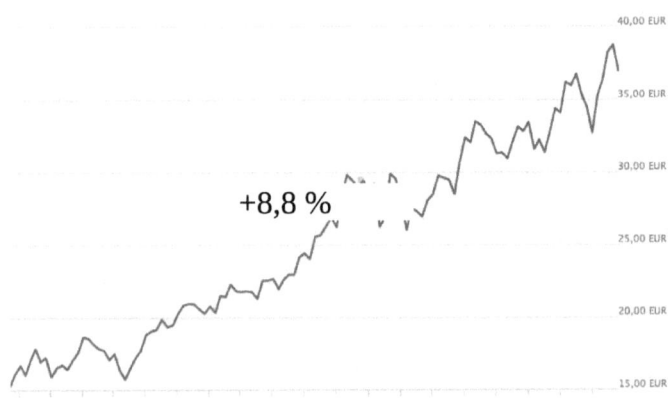

+8,8 %

oder

ishares Nasdaq 100

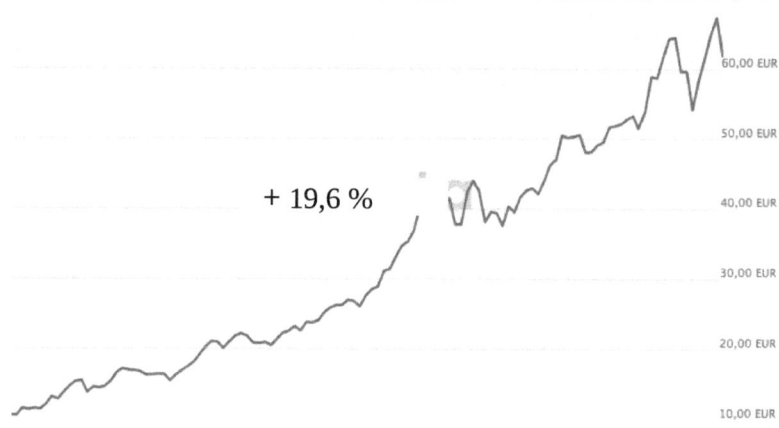

oder bei deutschen Indices:

ishares Core Dax

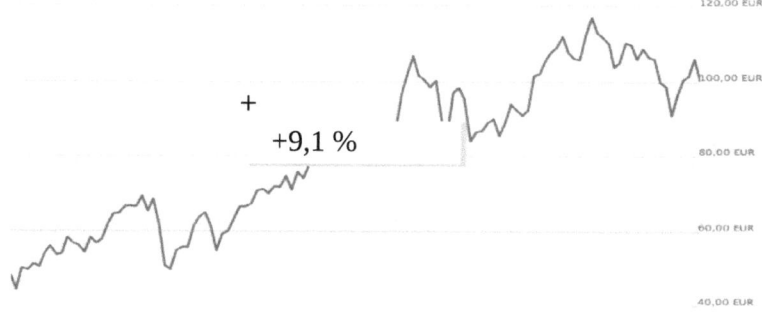

oder

ishares TexDax, Mdax oder S-Dax

man könnte auch die Klassiker Fidelity oder Franklin-Templeton andenken, aber die Performance und letztlich auch die Kosten geben Grund zum längeren Nachdenken.

Warum ist eine gute Anlage wichtig?

RENTE !!

III.

Die Gründe für das Handeln

Die Ursachen für ein ausgereiftes Handeln sind vielfältig, Gründe sich mit Aktien gründlich auseinanderzusetzen offensichtlich. Lassen Sie uns die wichtigsten Punkte näher betrachten.

Diese sind:

- Deutsches Aktieninstitut
- Steuern
- Renten
- Inflationsrate
- Allg.Teuerungen

andere Anlagen:

- Gold, Palladium u.a. Edelmetalle, Brent-Oil, WTI-Oil
- Bitcoin, Ethereum, Litecoin etc.
- Hebelcertifikate (Futures, CFD`s etc.)
- Imobilien

Deutsches Aktieninstitut (dai.de)

Das Institut hat eine eindrucksvolle Leistungsübersicht für 50 Jahre Aktienbesitz veröffentlicht und unter der Überschrift:

„Wer Ende 1995 Aktien kaufte und bis Ende 2010 hielt, erzielte in diesem Zeitraum eine durchschnittliche jährliche Rendite von 7,8%….." publiziert.

Nun, das sind alles Durchschnittswerte über die Jahre und über alle Aktien hinweg und dennoch sind Aktien weitaus besser als alle Festgelder und alle Anleihen.

Wer sich das ansieht, weiß nur eines genau: die Angstmache hat gewirkt und wirkt immer noch – aber es gibt keinen einzigen Grund, nicht in Aktien zu investieren.

In Deutschland ist **allein der Staat die kritische Größe.** So z.B. wenn ein Arzt 500.000.-€ brutto verdient, 30 Jahre alt ist, und er 35 Jahre lang mtl. rund 17.000.-€ Steuern und in sein Versorgungswerk (BÄV) 2.500.-€ mtl. einzahlt. Dann erwarten ihn ca. 4.000.-€ mtl. Rente vor Steuern, ca. 3.000.- nach Steuern. Also Zahlung von ca. 8.200.000.-€ (beides zusammen), um dann in den letzten 25 Jahren (12x25x3.000.-) 900.000.- zurück zu bekommen.

Oder staatliche Rente: Um die teuren Wiedervereinigungskosten zu bezahlen hat H.Kohl 1992 die Studienanrechnungszeit für Akademiker von max.13 Jahren zunächst auf 7 Jahre, dann von max. 7 Jahren auf jetzt max. 3 Jahre (rückwirkend!) kürzen lassen.

Oder Wiedervereinigung. Zweimal Halbierung der Kaufkraft, einmal 1990 mit der Wiedervereinigung und dann 2001 mit der Euro-Einführung.

Steuern

Die Steuern sind in Deutschland völlig aus dem Ruder gelaufen, sozial völlig irrational verteilt, ungleich und abenteuerlich hoch, die Rentenbeiträge gering und beides wirkt sich dann dramatisch auf die Rentenauszahlung aus: die Verarmungen im Alter werden immer dramatischer.

Wer etwa 500.000.-€ verdient, zahlt mtl. ca. 17.000.-€ Steuern und hat Aussicht je nach Alter (30 Jahre oder 40 Jahre) auf 2.500.- bis 3.000.-€ mtl.Rente nach 35 oder 25 Jahren Beitragszahlung.

Anders betrachtet: ungefähr die Hälfte des Verdienstes gehen an den Staat und ungefähr die Hälfte bleiben dem Steuerzahler in Deutschland, um dann eine kleine und windige Rente zu bekommen, die vorn und hinten nicht reicht. Auf diese, daraus resultierende Antriebskraft quasi als Verteidigungswaffe baut das System Deutschland.

Anstatt dass die Wirtschaft mit den Steuern die Renten finanziert, muß dies – mindestens zur Hälfte – der arbeitende Mensch tun und er muß, noch nicht genug damit, auch noch einen Teil seines an sich frei verfügbaren Verdienstes zur Seite legen.

Ganz abgesehen von den Freiheiten der Besitzenden, Immobilien steuerfrei zu verkaufen und Firmenerträge über Holdings und neuerdings über UG steuerlich klein zu rechnen oder ausländischen Kapitalgesellschaften Narrenfreiheit auf dem deutschen Markt zu gewähren.

Steuern werden 2019 (gemäß **www.bmf-steuerrechner.de**) höchst kompliziert ermittelt, ist aber beim obigen link leicht bestimmbar.

Anyway — diesen Part kann die Gesellschaft wohl nur durch Wahlen verändern.

Renten

Das Renten-Dilemma ist seit Jahrzehnten bekannt, geändert hat sich nichts, das immer stärker werdende Auseinanderklaffen der Besitzverhältnisse von arm und reich hat sogar die Probleme verschärft.

Die meisten Menschen in Deutschland beziehen Renten um oder < 1.500.-€ monatlich. Besonders in München und Berlin sind damit die Mieten nicht mehr zu bezahlen.

Dagegen sind die Diäten und Pensionen der Bundestagsabgeordneten geradezu fürstlich ausgestattet (z.B. mtl. 233.-€ Pension für jedes absolvierte Mandatsjahr), für solche Höhen müssen andere ein ganzes Leben lang schuften.

Die Rentenformeln ergeben sich aus den Zinssätzen pro Periode und den Perioden sowie den Laufzeiten von Einzahlung und Auszahlung:

$$rbw = r * \frac{q^n - 1}{q - 1}$$

Um die Rente zu berechnen, ermittelt man den Rentenbarwert (rbw), Diese ergibt sich aus den periodischen Einzahlungen (r) und dem Zinsfaktor (q = 1 + p/100) sowie der Anzahl der Perioden (n).

Z.B. ein Arzt, 30 Jahre alt, zahlt 35 Jahre jährlich den Pflichthöchstbeitrag in die ärztliche Versorgungskammer (Rechnungs-zins 2019: 3,5%) ein. Nach obiger Formel ergibt sich daraus:

rbw = 1.993.419

Mit derselben Formel, nach r aufgelöst

$$r = rbw * \frac{q-1}{q^n-1}$$

wird nun r ausgerechnet, nur anstatt für n= 35 Jahre (30 Jahre auf 65 Jahre) wird jetzt mit mit n= 25 Jahren (65 Jahre auf 90 Jahre) gerechnet.

r = 51.179

oder 4.264.- mtl. Das ist aber vor Steuer und nach Steuer nur etwa 3.151.- Denn nach 2040 sind alle Renten voll zu besteuern.

Man kann die Rechnung auch feiner gestalten, z.B. mit mtl. Periode, d.h. 2.491,50 € (statt jährlich 29.898.-) und statt 0,035 dann 3,5:12 = 0,291667 % also Faktor 1,00291667 aber mit 35x12=420 Perioden.

Die gesetzlichen Rentenabzüge vom Lohn oder Gehalt werden noch schlechter verzinst: 0 − 2 % etwa. Hier gilt aber zu beachten, dass der Arbeitgeber den gleichen Anteil in die Rentenkasse zahlen muß. Dennoch, kommt wenig raus. Kein Wunder, dass alle Rentner jammern.

Inflation

Die durchschnittliche Inflation in Deutschland betrug in 68 Jahren (1950 -2018):

3,54 %

Das heißt zum Beispiel, dass eine Wohnung, die 1950 noch 100 DM an Miete gekostet hat

2018:   1065.-DM oder 535.-€

kostet. Anders wenn Sie mit 30 Jahren heute rund 1.500.-€ zahlen, diese Wohnung zu Rentenbeginn 2054

5.068.-€

kosten könnte. Nimmt man aber die Zahlen aus den Jahren 2007 - 2018 (+ 6,16% p.a.) oder gar allein aus 2018 (+ 9,7 %) so müßte man 2054 mit folgenden Mieten

12.154.-€

oder gar

33.310.-€

rechnen. Wenn Sie dagegen die zu erwartende Rente beispielsweise eines 30-jährigen Arztes ansehen, der heute 500.000.-€ verdient, also etwa mit 3.151.-€ mtl. Rente rechnen kann, wissen Sie, warum alle Politiker die Köpfe in den Sand stecken und alle Manager noch mehr

Millionen an Einkommen fordern. Was zunächst unberechtigt erscheint, ist es plötzlich dann gar nicht mehr…. verständlicherweise!

Nun zurück zur Inflation, die in 2018 1,90 % betrug. Das bezieht sich auf einen sehr bescheidenen Warenkorb, denn der durchschnittliche Lebensstil beispielsweise eines **Akademikers** liegt wohl so bei **8 % - 10 %** und dies ergibt sich den Preisanstiegen für:

Kunst		19,1 %
Handtaschen, Schuhe		7 % - 9 %
Autos		7 % - 9 %
Luxus-Autos		12 %
EFH Berlin	(2018)	31,3 %
EFH München	(2018)	18,9 %
ETW Berlin Bestand	(2018)	49,6 %
ETW Berlin neu	(2018)	23,6 %
ETW München Bestand	(2018)	31,7 %
ETW München neu	(2018)	20,2 %

Offiziell wird in der Politik ganz anders diskutiert: Stat.Bundesamt:1,9% Inflation!

Andere Anlagen

Um es schon mal vorwegzunehmen, kommen andere Anlagen in aller Regel nicht in Betracht. Die Ausnahme ist, Sie wollen etwas spielen, Spaß haben und Ihr Glück versuchen – dann können Sie einen kleineren Teil Ihres Ersparten in „Hebel-Produkte" wie CFD`s stecken.

Der Reiz dieser Produkte lag im Hebel (bis vor 3 Jahren bis zu 400:1, heute reguliert auf 30:1)-heute weniger attraktiv.

Ich hoffe, ich habe Ihnen jedoch genügend klar gemacht, warum Sie unbedingt lernen müssen, mit Aktien umzugehen.

Dafür benötigen Sie nur, ein Gefühl entwickeln, bzw. sich zu informieren, was heute so „en vogue" ist. Und das könnte in etwa so mit ganz einfachen Entscheidungen gehen:

1. USA oder Deutschland (EU)
(sollte klar für die USA ausfallen)

2. Ersparnisabhängiger Aufbau der eigenen ETF`s -Sammlung z.B. aus Amazon,netflix, Paypal, Visacard, Mastercard, Apple und Tesla bei Depoteröffnung bei Postbank, onvista u.ä.

oder

ganz auf eine Karte, z.B. Paypal setzen, was
aber etwa chancenreicher und zugleich ris-
kanter ist.

Gold u.a.Edelmetalle
oder auch Öl, Weizen, Schweinebäuche u.ä.

Wer von 1980 bis 2004 auf Gold setzte, verlor fast die Hälfte seines Vermögens (Inflation)da der Goldpreis 24 Jahre auf nahezu dem gleichen Preis sitzen blieb.

Es gibt relativ viel Gold (noch mehr Silber), so dass es schon von Haus aus wenig Sinn machte, auf eine Verknappung von Gold zu schielen oder damit zu spekulieren. Und wenn schon Spekulation und nicht als Anlage, dann in CFD`s (Contract for Difference) probieren und dort dann die Hebel (bis 1:30) nützen.

Der einzige Sinn, sich Gold zuzulegen, besteht als „Not-Währung" für Kriegszeiten, aber auch für solche Fälle wäre die Immobilie eine gute Alternative.

Die Preise für Naturprodukte werden von der Börse und dort, wie immer, von den Kauf- und Verkaufsmengen bestimmt.

Zudem stellt sich bei Gold die Frage der Lagerung — was ist sicher und dennoch leicht verfügbar?

Es gibt eine einfache Regel, alles andere als Aktien im Depot machen mehr Mühe und sind, nebenbei bemerkt, auch nicht so gewinnträchtig (es sei denn Sie wählen Hebelzertifikate).

Zum Nachrechnen: durchschnittliche Inflation 3,54 % p.a. heißt: $1,0354^{26}$ = 2,470655 oder aus 100 werden 391,8 (!!).
Das sieht man auch auf dem nachfolgenden Chart des Goldpreises ganz gut:

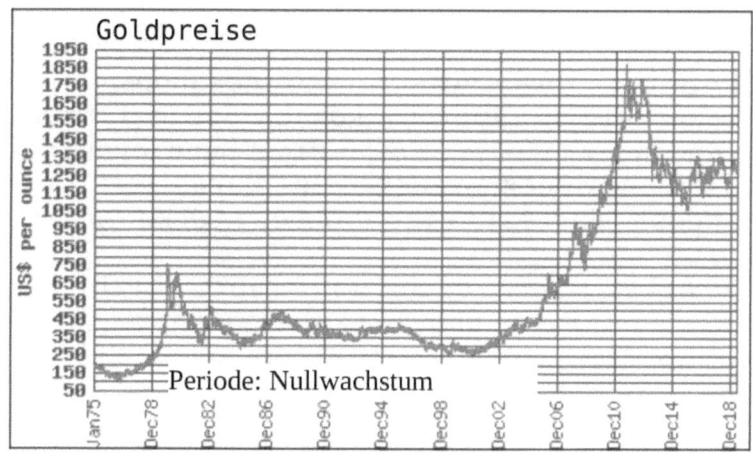

Goldstillstand: 1980 - 2006

Gold ist eben keine Anlage sondern allenfalls ein Notgroschen für kriegerische und revolutionäre Zeiten.

Krypto

Bei manchen Online-Shops und Warenanbietern (Amazon) können Sie mit Krypto-Währungen zahlen, aber die Handicaps sind riesig und Rückumtausch in Euro ist nicht, zumindest derzeit nicht ohne starke Verluste möglich.

Alles, was sich um Krypto dreht, ist wohl reine Hype und Spekulation, so dass es wohl besser ist, Spekulation über CFD`s zu suchen.

Krypto ist, wie alles was modern und chic ist, eine Sache der Jungen und oft mehr Angabe als Wahrhaftigkeit.

Grundsätzlich richtig ist an diesem Ansatz, dass man eigentlich für Zahlungsabwicklungen keinen Dritten (Banken) braucht, und dass man das schon am Aufkommen von Paypal merkt.

Das Raffinierte an Bitcoin ist die Begrenzung auf eine bestimmte Zahl an Coins. Nach einer jeweils definierten Zeit, die Halbierung des Wertes – dennoch nichts anderes als Zocker-Instrumente.

In der Krypto-Welt geht die Digitalisierung noch einen Schritt weiter und verzichtet ganz auf den Dritten. Stattdessen geht es von den eigenen Daten (Guthabenstand) über eine **Blockchain** zum Anbieter.

Kryptos sind in Zukunft (20 – 30 Jahre) sicher zu beachten.

Broker und CFD`s

Wenn Sie mal auf www.trader.vestle.com gehen, sind Sie bei einem sehr guten und gut funktionierenden, untadeligen broker, mit Sitz auf Zypern gelandet. Noch vor kurzem war es dort sogar möglich mit Hebeln bis zu 400 zu handeln, jetzt sind diese von den europäischen Regulierungsbehörden auf 30 begrenzt worden, so daß naturgemäß z.B. bei Devisen der große Reiz verloren ging.

Meist macht es aber immer noch Spaß seinen Spürhund auf die Verfolgung der Charts anzusetzen. Bei Vestle können Sie ohne Bedenken auf fast alles setzen.

Ebenso unkompliziert ist das Einzahlen von Einsätzen wie auch das Auszahlen von Gewinnen.

Bei Vestle können Sie auf fast alles setzen, allerdings sollten Sie die Charts sehr gut verfolgt haben.

Sparpläne

sind der nächste größere Quatsch, wenn der Sparplan Anlage in einen ETF oder Fonds meint. Damit werden eigentlich nur Anleger gelockt, die meinen, Sie haben nichts und seien schon gar nichts wert.

Tatsächlich kann man auch mit wenig Geld (4 x 25.-€ nach 4 Monaten zum Beispiel eine Paypal-Aktie = i.A. 98,50 €) kaufen . Es heißt doch nicht, dass einem Anfänger die Aktien nicht zugänglich wären.

Es ist alles ein Trick der Banken und Fondsanbieter, um überall, wo sie nur können, das Geld des kleinen Mannes zu holen. Ganz im Sinne von „Vermögensverwal-tung für den kleinen Mann" - besser aber oder ehrlicher wäre gewesen „reich werden mit dem Geld des kleinen Mannes."

Fintech — Robo-Advising

Wie fast alles, das ganz unbemerkt in unser Leben eindringt, so kommt auch die Anpreisung einer roboter-gesteuerten Optimierung des Portfolios aus Amerika.

Da man, rückwärts gewandt, eben auch gleichzeitig sagen kann, dass ein Roboter nichts anderes kann, was der Mensch nicht eben auch kann (er hat ja den Roboter entwickelt) und dass man naturgemäß auf alles angeblich Neue auch verzichten kann, so ist in diesem Falle besonders anzumerken, das die sog. **Vermögensverwaltung für den kleinen Mann** totaler Schwachsinn ist.

Überdies ist sie noch teurer (jedes Jahr rund 1%, das sind nach 10 Jahren schon 10%) als die klassische Fondsanlage, die nur einmal (meist 5,5 %) kassiert. Und durch dauerndes Umschichten wird der Geldhahn für die Banker und Fonds aufgedreht und die Rendite der Anleger abgedreht — so einfach funktionieren diese Advisor, da Sie ja bei jeder Anlage (Streuung) mindestes 5 % Provision einfahren, dem Anleger aber davon nichts erzählen.

Dazu ist es aber so, dass kein noch so raffiniertes Programm die Einschätzungen über eine Aktie und deren Zukunft leisten kann. Sie können an gewissen Stellen, bei bestimmten Entscheidungen den Menschen nicht substituieren, die Fondsauswahl, die Aktienauswahl trifft immer noch ein Mensch, auch bei den Advisoren.

Egal, ob Sie Quirion, Scalable Capital, Cominvest, Liqid, Truevest und Whitebox Flatex oder z.B. Vanguard wählen, Sie geben dazu immer noch die Verfügung über Ihr Geld aus der Hand. Dieses ist aber gegen den

1. Hauptsatz

einer jeden Geldanlage.

Aber Sie verstoßen gleichzeitig auch gegen den

2.Hauptsatz

nämlich dagegen, dass Sie es ablehnen, alles selber zu verstehen und zu entscheiden.

Es gibt keinen GURU, keinen Menschen mit dem „Goldenen Händchen", der etwas besser könnte, als Sie selbst, vorausgesetzt, Sie strengen sich etwas an, die Dinge zu verstehen.

Sog. **Risikoprofile** sind das nächste Instrument, mit dem die Banker oder Ex-Banker (das sind ja die meisten Advisor) Sie zu manipulieren suchen.
Risikoprofile gibt es schon lange und sie sind das Produkt von raffinierten Bankberatern. Man versucht Sie mit der Erfassung dieser Daten zu beruhigen und zu täuschen und anzulocken.

Meiden Sie daher jede Art von Geldverwaltung.

Summery

Bei Geldanlagen gilt: Sie müssen täglich raus und rein können.

Wollen Sie optimalen Vorteil für sich, dann tun Sie gut daran, alles zu verstehen, nachzuvolliehen und selber zu entscheiden.

Im Grunde müssen Sie nur nachvziehen, welchen Firmen zu gute Ideen zusprechen und sich deren Aktienkurse raus suchen.

Sie können also die ganze Welt der Anlage heute auf eine Zusammenstellung der Aktien von

Amazon

Netflix

Google (Alphabet)

Paypal

Visacard

Mastercard

Apple

Tesla

in eigen gewichteten ETF`s

z.B. je 12,5 %

zusammenstellen, und wenn Sie Immobilien hinzunehmen möchte, dann obige Aktien und

Vonnovia

Patrizia

alle zu je 10 % oder andere eigene Vorstellungen.

Das war`s. Und auch wenn sich die Zeiten und Firmen ändern, es ist doch leicht, die 10 besten Aktien weltweit zu finden.

Immobilien

- Wohneigentum
- Gründe für ein Invest

Zu einer ausgewogenen Anlage gehört die Absicherung gegen unsichere Zeiten, zu denen die Immobilie zählt.

Insbesondere gilt für jemanden, der

1. < 50 Jahre alt sind

2. gut (>50 k) verdient

3. >50 k Ersparnisse hat

dass er sich als erstes um eine Immobilie bemüht (er muß sch um eine Finanzierung bemühen, also mit seiner Bank reden).

Wohneigentum

Die Bundeszentrale für politische Bildung (bpb.com) schreibt:

„ Was hatte man dem kleinen Mann nicht alles versprochen „Land der unbegrenzten Möglichkeiten", „vom Aufstieg des Schuhputzers zum Präsidenten", vom Nobody zum Kanzler der Republik" - dabei wollte er in Wirklichkeit nur eines:
Ein Haus im Grünen mit Garten und Terrasse.
Schon immer bedeutet wohnen soviel wie: sich die Gewissheit des Geschütztseins dauerhaft zu gewähren. zu bewahren. Seit der Mensch sesshaft ist, hat es eine besondere Bewandtnis mit seiner Behausung. Sie steht nicht nur für Schutz vor Witterung und anderen Unwägbarkeiten, sondern auch für Geborgenheit, Identität, Wunsch und letztlich auch Status.
Etwa die Hälfte ihres Privatvermögens haben die Deutschen in Immobilien angelegt.
Obgleich das Dach über dem Kopf ein knappes Gut ist, kann es kaum wie eine gewöhnliche Ware gehandelt werden; in Deutschland augenscheinlich noch weniger als anderswo.
Grund genug, einen Blick auf die Besonderheiten und Perspektiven der hiesigen Wohnsituation zu werfen.
Aktuell wächst die Zahl der Wohnungsnachfrager wieder und damit der Wettbewerb, denn Deutschland kann nach vielen Jahren leichter Bevölkerungsverluste erneut

eine positive Bevölkerungsentwicklung verzeichnen – in 2012 um 0,2 Prozent gegenüber dem Vorjahr.

Allerdings sind die Bevölkerungszahlen nicht überall gestiegen. Während die ländlichen Räume, insbesondere die dünn besiedelten und peripheren Regionen, in den vergangenen fünf Jahren an Bevölkerung verloren und auch die näher an den großen Metropolräumen gelegenen Gebiete abnehmende Einwohnerzahlen zu verzeichnen hatten, nimmt die Bevölkerungszahl in den Großstädten weiterhin zu, um etwa zwei Prozent in den vergangenen fünf Jahren.

Darin zeigt sich eine zunehmend auseinanderlaufende Entwicklung zwischen den großen Metropolregionen sowie kleineren attraktiven Städten einerseits und den restlichen Räumen andererseits.

Entscheidend für die Nachfrage nach Wohnraum ist das gemeinsame Wirtschaften der Menschen in einer Wohnung als Haushalt. Seit Jahren ist die Nachfrage durch eine steigende Anzahl von Hausständen geprägt, die wiederum vor allem auf den Trend zu kleineren Haushalten zurückgeht. Der Anteil der Einpersonenhaushalte liegt mittlerweile bei knapp über 40 Prozent, in den größten Städten sogar bei über 50 Prozent.

Zusammen mit den Zweipersonenhaushal-ten machen sie inzwischen drei Viertel aller Haushalte aus.

Umgekehrt halten größere Haushalte mit drei und mehr Personen (also beispielsweise Familien mit Kindern) nur noch einen Anteil von 25 Prozent; in den größten Städten sogar noch deutlich weniger. Besonders die quantitativ noch relevanten Vierpersonen-haushalte verbuchten in den vergangenen zehn Jahren einen Rückgang von circa 13 Prozent. Die durchschnittliche Haushaltsgröße beläuft sich in Deutschland auf 2,0 Personen.

Dabei sind die jüngeren und älteren Haushalte deutlich kleiner als die mittleren Jahrgänge, in denen Kinder häufiger anzutreffen sind.

Weil es einen erheblichen Druck auf schnell verfügbare und preiswerte Unterkünfte gab, kann es letztlich kaum überraschen, dass mehr als die Hälfte der knapp 41 Millionen Einheiten in Deutschland Geschosswohnungen sind, während Wohnungen in Ein- und Zweifamilienhäusern mit 18,2 Millionen die Minderheit darstellen. Was die je Haushalt zur Verfügung stehende Wohnfläche anbelangt, ist diese sehr stark an den jeweiligen Gebäudetyp gekoppelt. So liegen die Wohnungsgrößen von Einfamilienhäusern mit 121 Quadratmetern deutlich über dem Durchschnitt aller Wohnungen (90,7 Quadratmeter), während Geschosswohnungen in Mehrfamilienhäusern mit 67 Quadratmetern deutlich darunter rangieren.

Zugespitzt lässt sich die Bedürfnislage vielleicht folgendermaßen ausdrücken: Nicht nur ausreichend groß, bezahlbar und kommod, auch flexibel soll es sein, das eigene Heim. Sich in stärkerem Maße an sich verändernde Lebenssituationen anzupassen, ist als Desiderat seit Langem erkannt und benannt. Die nicht determinierten Räume von

58

Gründerzeitwohnungen mit ihren mehrfachen Erschließungen bieten hier fraglos mehr als die – auf die vermeintlichen Gebrauchsmuster der Kleinfamilie abzielenden – Grundrisse des (nachkriegs-)modernen Wohnungsbaus. Auch die Popularität, der sich Lofts bei einer bestimmten, meist freiberuflichen Klientel erfreuen, spricht diesbezüglich Bände. Trotzdem muss man konstatieren, dass sich im Wohnungsbau der vergangenen Jahre häufig nur im gehobenen Marktsegment etwas bewegt – und dann zumeist im Service-Bereich mit (Zimmer und Apartments in städtischer Umgebung mit teilweise hotelähnlichen Serviceangeboten).

Im europäischen Vergleich ist Deutschland von einer relativ niedrigen Wohneigentumsquote geprägt. Während der Durchschnitt in der EU bei rund 60 Prozent liegt, rangiert Deutschland mit etwa 45 Prozent am Ende der Aufzählung (allerdings noch vor der Schweiz).

Die niedrige Quote korreliert in auffälliger Weise mit den Anteilen der verschiedenen Gebäudetypen: Geschosswohnungen werden in der Regel (aus historischen, aber wohl auch aus Gründen einer kollektiven Mentalität) als Mietwohnungen genutzt – was sich im Alltagswortschatz spiegelt, indem die beiden Begriffe weithin synonym verwendet werden. Daran ändert auch die selbstgenutzte Eigentumswohnung nur wenig.

Denn Wohneigentum ist weit überwiegend in der Gebäudeform des Ein- und Zweifamilienhauses anzutreffen; die

Selbstnutzungsrate bei Einfamilienhäusern liegt bei 88 Prozent.

Darin spiegelt sich offenkundig eine Grundhaltung, dass nur das "Haus" adäquate Heimat sein kann, dass vornehmlich das Eigenheim die Selbstbestimmung eines "eigenen Reichs" gewährt und dass man sich mehrheitlich nicht der – und sei es graduellen – Fremdbestimmung Anderer, wie im Wohneigentumsgesetz (WEG) geregelt, aussetzen will.

Haushalte mit einem monatlichen Haushaltsnettoeinkommen von über 3.600 Euro wohnen zu über 70 Prozent im Eigentum und nur zu 30 Prozent zur Miete. Bei Haushaltsnettoeinkommen bis unter 1500 Euro ist die Verteilung genau anders herum: 70 Prozent wohnen zur Miete und 30 Prozent im Wohneigentum.

Nach wie vor sind Wohnungsgenossenschaften und kommunale Wohnungsunternehmen mit zusammen gut 4,5 Millionen Wohnungen wichtige Wohnungsanbieter, die zugleich bestimmte soziale Aufgaben übernehmen. Insbesondere in den größten Städten stellen sie zentrale Akteure dar: in Berlin beispielsweise mit etwa 270.000 (mittelbar) eigenen Wohnungen oder in Hamburg mit rund 130.000 Wohnungen

Doch seit Mitte des vergangenen Jahrzehnts hat sich das Spektrum der Wohnungsanbieter sukzessive verändert. Durch bundesweit beachtete Transaktionen wurden zeitweise über eine Viertelmillion Wohnungen pro Jahr von ausländischen Kapitalanlegern erworben (insbesondere Wohnungen von Bund, Ländern und Kommunen).

Mit diesen neuen Eigentümern gewinnt der privatwirtschaftliche professionell-gewerbliche Anbieterkreis immer mehr an Bedeutung.

Dieser stellt mittlerweile ungefähr 13 Prozent der Mietwohnungsbestände beziehungsweise acht Prozent der Gesamtwohnungsbestände, vor allem in den Rechtsformen GmbH oder AG.

Insbesondere international agierende Unternehmen stehen immer wieder in der Kritik bezüglich der Bewirtschaftungsformen der Immobilien und ihres Umgangs mit Mieterinnen und Mietern. Ursächlich kann hier das starke Interesse der Unternehmen an kurzfristigen hohen Renditen gesehen werden, die durch Druck auf die Bewirtschaftungs-kosten wie auch auf die maximal möglichen Mieteinnahmen erzielt werden sollen.

Wenngleich die Finanzmarktkrise das Transaktionsgeschehen in Deutschland vorübergehend erlahmen ließ und erst ab 2011 wieder größere Verkäufe (insbesondere Wiederverkäufe) anstanden, so ist doch unübersehbar, dass die Landschaft der Wohnungsanbieter sich dauerhaft und tief greifend verändert. Zurückzuführen ist dies auf eine stärkere Ökonomisierung und Professionalisierung der Branche. Dahinter stehen Prozesse wie ein verstärkter Wettbewerb, eine deutlichere Orientierung der Bewirtschaftung nach ökonomischen Prinzipien sowie Verkäufe und teilweise Mehrfachverkäufe an neue, auch internationale Akteure. Damit geht auch eine stärkere Verflechtung von

Finanz- und Wohnungswirtschaft einher, da die international agierenden Anlegergesellschaften ihre renditeorientierten Ziele an die Wohnungs- und Immobilienunternehmen weitergeben. Im Fokus steht dann bisweilen weniger der Kunde (der Mieter) als vielmehr die vorgegebenen Renditeziele der Finanzmärkte."

Soweit www.bpb.de – was ja schon fast alles sagt und einen guten Überblick liefert.

Gründe für das Invest in Immobilien

1. Langfristige und dauerhafte Anlage

2. Wohneigentum in Deutschland: ca. 45 %

3. Immobilienfinanzierung: allg.Regel: 1/3 selber, 1/3 Mieter und 1/3 Steuer

4.. statistische *Rendite* in den Zentren: wie Berlin, München, Stuttgart und Köln *> 4,5 % p.a.*

5. *steuerfreie Veräußerung*

6. bei Finanzierung weitestgehende Gegenrechnung der Ausgaben mit der Steuer

7. je nach Immobilienart Kauf auch ohne Eigenkapital möglich (ggf. Vorfinanzierung)

8. knappes Gut weltweit

Neben diesen rationalen Gründen gibt es noch eine Reihe von Emotionen, die dieses Invest unterstützen:

sichtbare, anfassbare Sicherheit
Schutz in Krisenzeiten
Wertbeständigkeit
zur Not Selbstbezug

Was will man mehr von einer guten Anlage ?

Die **Risiken**, die während eines Bauvorhabens auftreten können sind vielfältig, wie das **Finanzierungsrisiko** (Risiko, dass die Banken das Bauvorhaben nicht finanzieren oder nur zum Teil finanzieren), das **Genehmigungsrisiko** (das Risiko, dass das Bauvorhaben nicht in der Form genehmigt wird, wie es der Bauträger an seine Erwerber verkauft hat), das **Baukostenrisiko** (das Risiko, dass die Baukosten im Verlauf des über einjährigen Baus in die Höhe schnellen), **das Vermarktungsrisiko** (das Risiko, dass der Bauträger nicht alle Wohnungen, einschließlich der weniger attraktiven Wohnungen, zum kalkulierten Preis verkauft), das **Vermietungsrisiko** (das Risiko, dass der Bauträger alle Wohnungen innerhalb der festgesetzten Zeit zu der angepriesenen Miete vermietet), das **Abnahmerisiko** (das Risiko, dass von einzelnen Wohnungskäufern die Abnahme verweigert wird), das **Gewährleistungsrisiko** (das Risiko, dass während der fünfjährigen Gewährleistungsphase kostenintensive Reparaturen fällig werden).

Noch wichtiger als die Wahl des richtigen Bauträgers ist beim Kauf einer Wohnimmobilie als Kapitalanlage allerdings die Wahl des richtigen Standorts und innerhalb des Standorts der richtigen Lage („Lage, Lage, Lage!").

Da es sich bei einer Immobilie um ein unbewegliches Gut handelt und man diese nicht verschieben kann, ist es so entscheidend, dass sie in der richtigen Lage liegt. Trifft man eine Entscheidung für eine falsche Lage, kann man diese Entscheidung später nicht mehr korrigieren. Entscheidet man sich aber zum Beispiel für eine gute Lage und für eine schlechte Sanierungsqualität, kann man diesen Fehler nachträglich noch korrigieren, auch wenn dies zusätzliche Kosten verursacht, in dem man die Baumängel ausbessern lässt.

Konzentrieren Sie sich auf wenige Standorte, wie etwa **Berlin, Leipzig und Chemnitz,** um auch kleinere Preise einzubeziehen. Ich bin der Meinung, dass diese drei Großstädte bzw. Ballungsgebiete die besten Chancen für eine positive Wertentwicklung von Mehrfamilienhäusern bieten. Verknüpft man diese Standorte mit den enormen Steuervorteilen, die der deutsche Staat bzw. das Finanzamt dem Käufer einer denkmalgeschützten Wohnung bietet, so ist es für mich klar:

Die mit Abstand beste und sicherste Kapitalanlage, die es in der heutigen Zeit für einen Deutschen gibt, ist der Kauf einer denkmalgeschützten Wohnung in einer dieser drei Städte.

Voraussetzung ist allerdings, dass der Käufer über ein jährliches Bruttoeinkommen von 50.000.- € bis 100.000 € oder mehr verfügt, denn nur dann ist er in einem genügend hohen Einkommensteuersatz (Höchstsatz 42% oder 45% zzgl. Kirchensteuer ab ca. 120.000 € brutto p.a.), und dann rechnet sich die Wohnung richtig gut für ihn, weil die Steuervorteile zum Tragen kommen. Unter dem Strich bedeutet das für den Wohnungskäufer, dass das Finanzamt innerhalb des 12-jährigen Abschreibungszeitraums über ein Drittel des Kaufpreises der Wohnung erstattet.

Vorsicht — Überhitzung

Hochpreisige Luxus-Immobilien haben immer ihren Markt, es wird immer Aufsteiger geben, sei es der Handwerker, der Manager oder der Top-Mediziner, die nach der vielen Rackerei und Arbeit die entsprechende Entlohnung im Luxusgefühl und im Exquisiten suchen.

Zur Situation:

Man kann davon ausgehen, dass die, die viel Geld haben, dies auch überwiegend in Immobilien angelegt haben, d.h. etwa auch den derzeitigen Anstieg der Immobilien (2018: Berlin +50%, München +30%) verursacht haben.

Zu Ende denken:

Eine Anlage ist nichts wert, wenn ich Sie nicht in Rendite umsetzen kann:
Mietrendite ist aber 4 — 5 % maximal.

Alles anlegen ist wunderbar, aber wer will diese dann wieder abkaufen, wenn es keine Guthaben dafür mehr gibt? Zudem wenn die Preise fallen?

Immobilie mit viel Steuer für wenig Geld
Anwendung von § 10f, 7h, 7i ESTG

Es gilt der allg. Grundsatz:

> 50 k Einkommen p.a.
< 50 Jahre
> 50 k Ersparnis

Das 1.Thema, das Sie angehen müssen, heißt also Bankfinanzierung. Klar ist, dass je enger Sie Kontakt zu einer Bank haben, um so eher ist der Bankberater geneigt, Ihre Daten positiv darzustellen.

Das 2. Thema ist meistens das Eigenkapital (i.d.Regel: 20 %), wobei es oft aber auch so ist, dass dieses auch zwischenfinanziert gegen Abtretung der Steuerersparnisse erreicht werden kann.

Und dann erst sollten Sie sich mit dem Thema „welche Immobilie und in welcher Stadt" beschäftigen.

Dabei hängt natürlich alles mit allem zusammen, welche Stadt, welche Immobiliengröße, welcher Preis sind dann die Fragen, die zu klären sind.

Preise Stand Juni 2019:

München 8.000.- bis 10.000.-€

Berlin ca. 5000.-€/qm

Leipzig 4.000.- bis 5.000.-€

Chemnitz 2.500.-€

Die Preise in München und Berlin gelten als überhitzt und sind vor allem den ausländischen Wohnungsbaugesellschaften ge- schuldet, die renditesuchend nach Deutschland vordringen.

München hat stark bevorzugte Lagen wie Schwabing und Bogenhausen und in Berlin sind es vor allem die Toplagen Grunewald und Dahlem mit nahezu gleichen Hochpreisen.

Und noch eines gilt es gleich zu Anfang zu erwähnen: Wohnungen ohne Grünanteile oder Balkons und Loggias sollten Sie nie kaufen. Das ist aber gar nicht so einfach, denn die moderne Bauweise läßt solchen Komfort gerne weg. Dafür lockt sie mit modernen und gefälligen Bildern von Inneneinrichtungen die Kaufwilligen.

Ein zweites ist heutzutage unbedingt einzuhalten: informieren Sie sich über die **Energie-Effizienzklasse** Ihres angedachten Hauses /Wohnung (A+ bis H). Wählen Sie dabei die höchst mögliche Klasse.

Typische Beispiele für:

2-Zimmer-Wohnungen

4-Zimmer-Wohnungen

finden Sie nachfolgend abgebildet.

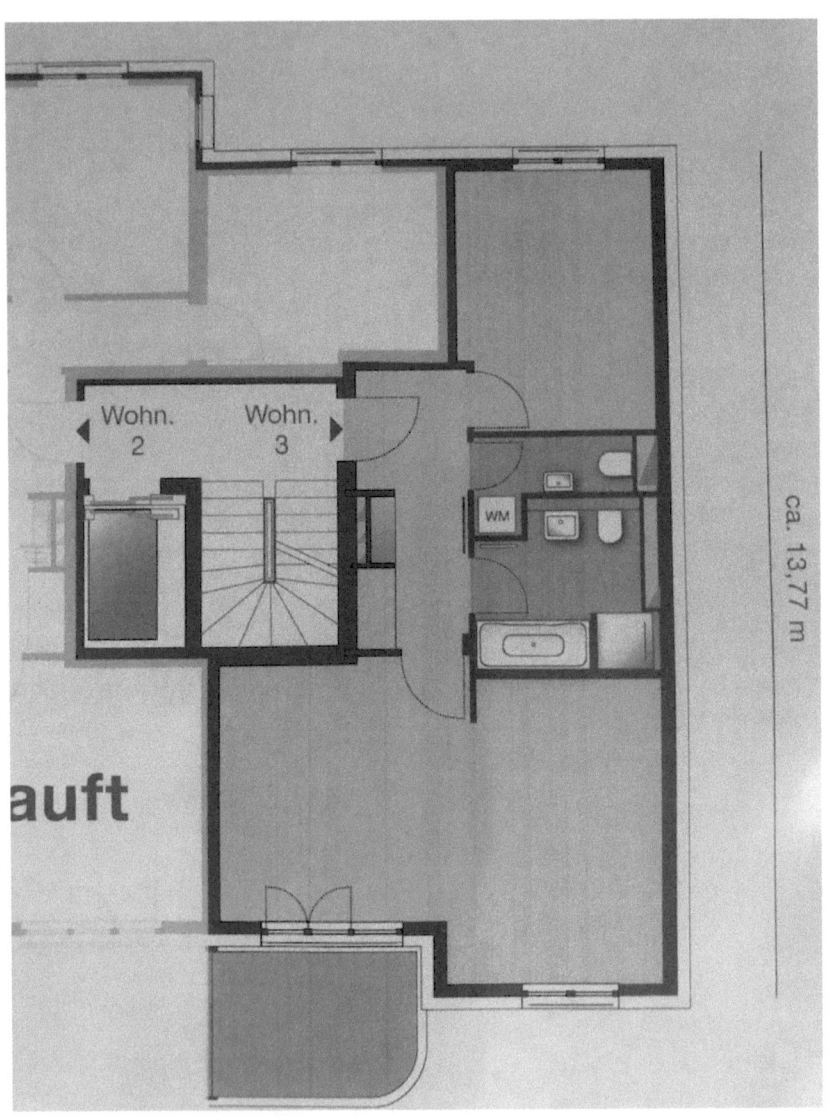

Wohn.
2

Wohn.
3

WM

auft

ca. 13,77 m

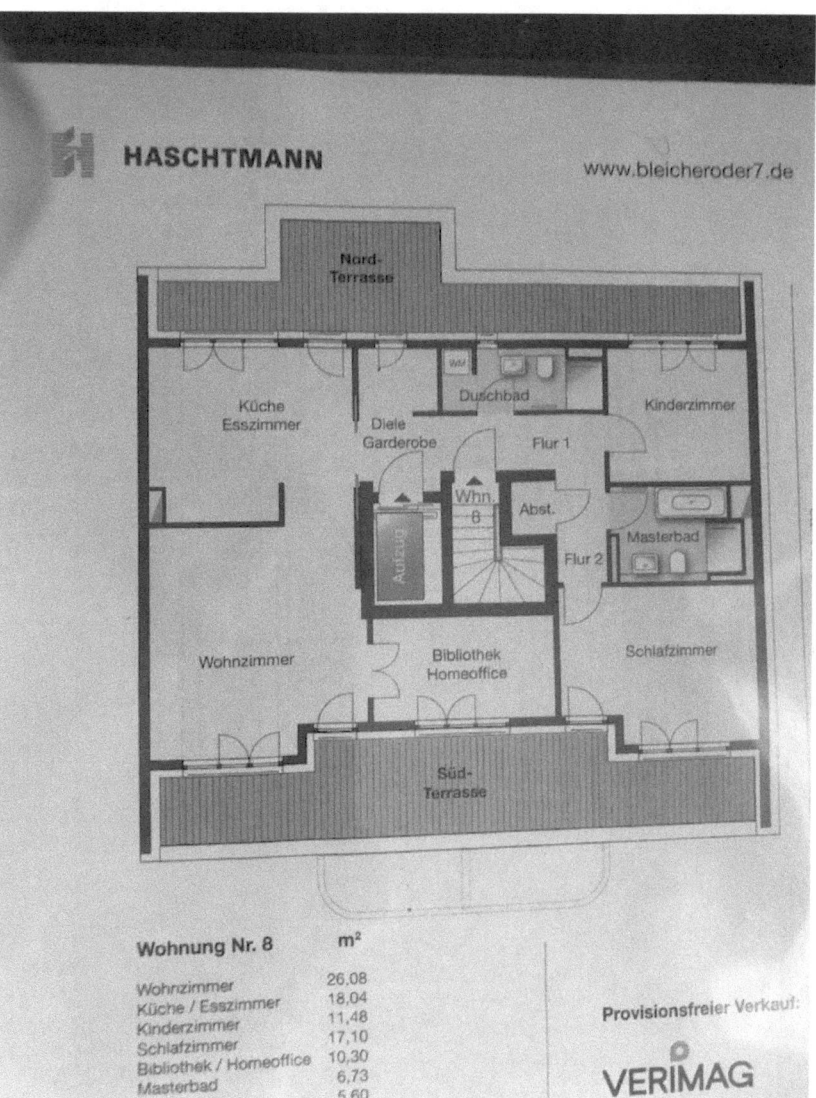

HASCHTMANN

www.bleicheroder7.de

Nord-Terrasse

Küche Esszimmer

Diele Garderobe

Duschbad

WC

Flur 1

Kinderzimmer

Whn. 8

Abst.

Aufzug

Flur 2

Masterbad

Wohnzimmer

Bibliothek Homeoffice

Schlafzimmer

Süd-Terrasse

Wohnung Nr. 8   **m²**

Wohnzimmer	26,08
Küche / Esszimmer	18,04
Kinderzimmer	11,48
Schlafzimmer	17,10
Bibliothek / Homeoffice	10,30
Masterbad	6,73
	5,60

Provisionsfreier Verkauf:

VERIMAG

71

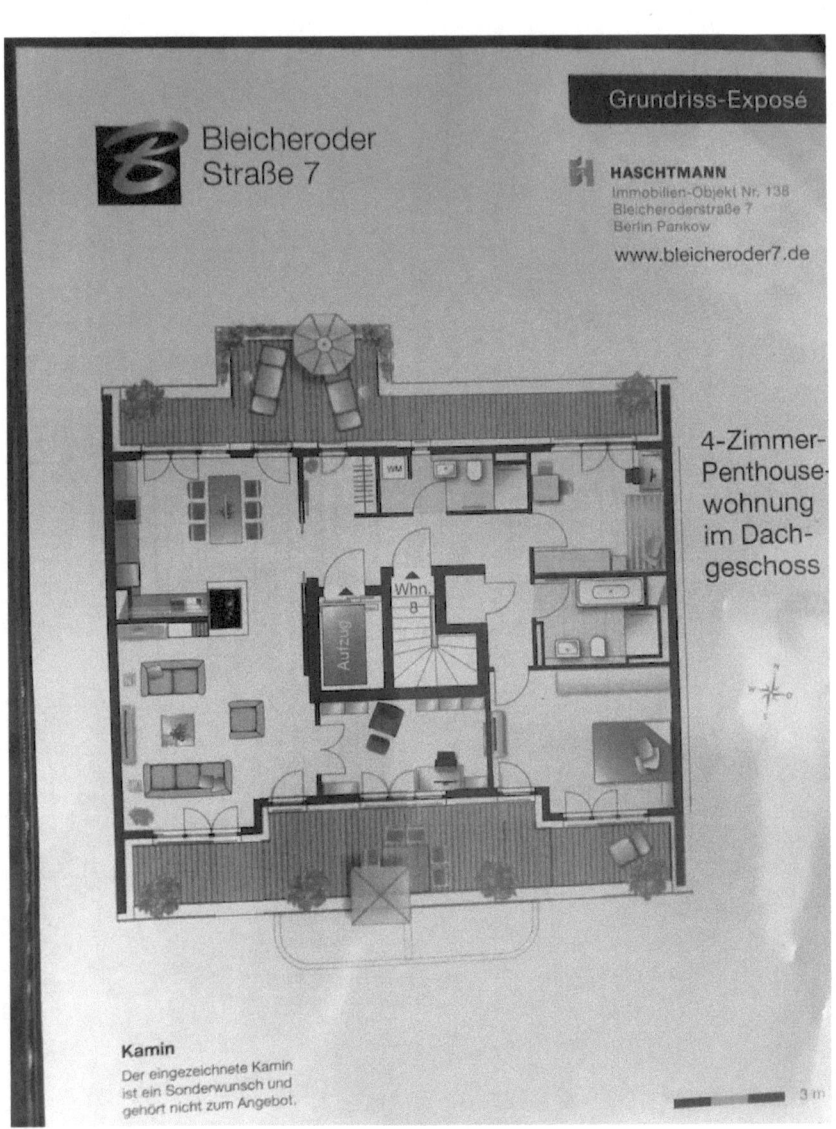

Bleicheroder
Straße 7

HASCHTMANN
Immobilien-Objekt Nr. 138
Bleicherodenstraße 7
Berlin Pankow

www.bleicheroder7.de

4-Zimmer-
Penthouse-
wohnung
im Dach-
geschoss

Whn.
8

Aufzug

WM

Kamin
Der eingezeichnete Kamin
ist ein Sonderwunsch und
gehört nicht zum Angebot.

3 m

72

Wohnungsgröße:

Es gibt keine allgemeine Richtlinie, klar ist nur, je schöner umso besser sie ist, desto leichter und besser läßt sie sich wieder verkaufen. Und da sind natürlich die größeren Wohnungen im Vorteil. Für die Vermietung sind jedoch die kleineren günstiger.

Ich persönlich favorisiere die größeren 120 – 130 qm groOen 4-Zimmerwohnungen – aber Geschmacksache, also mit dem Herzen gekauft. Vom finanziellen her, sind die kleineren besser zu vermieten.

Letztlich wird es aber eine Frage des Standortes und der Finanzen sei, welche Wohnung eben gerade noch finanzierbar ist.

Wohnungssuche:

Geben Sie mal in google ein: „neubaucompass" und wählen dann „berlin".

Jetzt können Sie, sofern Sie sich auskennen, sogar Ihren bevorzugten Stadtteil wählen.

Bevor Sie aber richtig suchen, informieren Sie sich bitte erst mal über die Kosten, die auf Sie zukommen.

I.
Immobilie nach §§ 7 h, 7i

Immobilien für den kleinen Geldbeutel

Finanzierungsrechner
Eigenkapitalrefinanzierungsrechner

z.B.: Magdeburg-Ravensburg-Quartier
75 qm à 2.809.-€/qm
Küche: 3.700.-, Stellplatz 6.600.-€
Gesamtpreis: 210.715.-€ Nebenkosten:
26.058.-€

zu verst. EK: 50.000.-€
kfW-Darlehen: 26.000.-€ (NK) 2019 -2037
Baudarlehen: 184.407.-€ 2,7% Zins für 10
Jahre — danach 4%, Raten anfangs bei 10
Jahren 8.682.- danach 9.795.-
Laufzeit 2019 — 2052

Investitionsphase 2019 — 2021
steuerl.Ergebnis (Afa-Gebühren-Bauzeit-
zinsen): - 30.448.-
Steuererstattung: 8.829.-€

EK-Berechnung:
Nettodarlehen   210.715.-
Gesamtaufwand   236.773.-
Ergebnis v.St.   - 26.058.-
Ergebnis n.St.   **- 18.337.-**

```
    Jahresmiete        6.286.-
    Stellplatz          300.-
Einnahmen — Ausgaben

    Miete  NB-Kosten Zinsen Tilgung Afa
2021 6.592  769       5.124  4.964.- 16.824.-
….
2028 7.057.- 818.-    5.991. 5.626.- 12.971.-
….
2040 7.873.- 920.-    3.899.-5.897.-  882.-
```

mtl.Aufwand-kumuliertes Ergebnis:

```
2019        - 15.272.-
2020        - 18.688.-
2021        - 18.337.-
2022        - 18.008.-
2023        - 17.709.-
2024        - 17.400.-
2025        - 17.081.-
2026        - 16.751.-
2027        - 16.412.-
2028        - 16.063.-
2029        - 16.890.-
2030        - 18.399.-
```

Summe (kumulierter Aufwand) bis 2030 : 18.399.-€

Wertsteigerung z.B. 5 % p.a. = 425.210.-€
abzgl. Darlehen: 145.430.-

steuerfreier Erlös: 279.570.-

Rendite 12-te Wurzel aus Quotient 279.570/18.399 = **25,4 % p.a.**

II.

Immobilien nach freier Wahl

Wer frei wählen kann, weil er genügend Kleingeld hat, kauft am besten gebrauchte, auch alte Häuser, Häuser von Rentnern, denen die Arbeitsbelastung zu groß wird, zahlt bar und wartet….oder engagiert sich als Bauträger. Und dann verkauft er sie irgendwann wieder bar, wie man eben mit Autos bar schachert.

Wahl nach Preissteigerungen, Daten dafür:

IMX Immobilien-Index von Immobilienscout24 — dort IMX Archiv dann neuesten (hier Juni 2018) Immobilienindex:

für Deutschland gesamt:

- Angebot Wohnhäuser (Bestand) :
          in 1 Jahr: + 9,7%

- Angebot Wohnungen
          Neubau   + 13,5 %
          Bestand   + 20,5 %

für Deutschland gesamt:

3/2007 bis Juni 2018

Wohnhäuser Bestand: + 38,2 % => **2,9 % p.a.**

Wohnungen Bestand: + **5,6 % p.a.**

Wohnungen Neubau: **5,4 % p.a.**

Mieten: + 2,8 %

wohlgemerkt: das sind Durchschnittswerte für die ganze Republik.

Zum Vergleich:

München

Häuser in 1 Jahr :   **+ 20,6** %

Wohnungen

      Neubau in 1 Jahr   **+ 16** %

      Bestand in 1 Jahr: **+ 36** %

      Miete: **+ 11**%

Berlin:

Häuser in 1 Jahr: **+ 32,3** %
Wohnungen

      Neubau in Jahr: **+ 22,8** %

      Bestand: **+ 50,5 % p.a.(!)**

      Mieten: **+ 16,5** %

Immobilien in Berlin finden

Wie geht man vor?

--> Google „Neubaucompass"

→ 8 Städte werden vorgeschlagen (6/2019)

--→ Berlin

—→ 160 Angebote

1. → **alle mit englischen oder frz. Begriffen streichen**

2. **Stadtteile selektieren, d.h. wählen**

Moabit
Mitte
Prenzlauer Berg
Weißensee
Niederschönhausen
Pankow
Lichtenberg
Friedrichshain

3. **alle, die über einer Preisschwelle (6/2019: 5.500.-€/qm) streichen**

Selektion führt 6/2019 zu erstem Ergebnis, folgende Firmen scheinen interessant:

- **Bonava**
- **Verimag**

- **Haschtmann**

- **Strategis**

- **Interhomes**

- **One Immo**

- **Helma**

Für Bonava werden 15 verschiedene Projekte angezeigt

1   Gutshof Falkenberg, Dorfstr. 35
     148 qm 470.000.-€ --→ 3.025.-€|qm

2   Dichtereck Winkelmannstr. 12
     5.369.-€/qm

3   Quartier Hugo, Britzerstr. 2-28
     4.400.-€/qm

4   Aderluch Am Wald 1 Oranienburg
     2.681.-€/qm (Häuser)

5   Stadthäuser am Park, Bert-Brecht/Alfred
     Döblin, 4.353.-€/qm

6   Seepark Pätz, Am Strand-Bestensee (sehr
     außerhalb, Königswusterhausen) > 2.500.-

7   Parkstadt Karlshorst Blockdammweg 60
     4.163.-€|qm

8   Lankwitzer Hofgärten, Mühlenstr.52-54
     4.720.-€|qm

9   Bäke Quartier, Wilhelm Külz − Str.58
     3.317.-€/qm

10   Schönebergerhöfe Tempelhofer Weg 13-24
     5.134.-€/qm

11   Wohnen am Rittarschlag, Ernst Thälmann-
     strasse, 3.080.-€/qm

12 - 15 in Bildern

Weissensee

Preis: 305.000.- - 875.000.-

```
Zimmer:    2 – 5 Zimmer
Wohnfl.:   57 qm – 135 qm
```

Adlershof

265.000.- - 577.000.-€
2 – 4 Zi.
47 qm – 115 qm

HELMA

Berlin — Spandau
549.900.-€
3 — 5 Zi.
143 qm

DIE ENTSCHEIDUNG

Rückführung auf einfache, nachvollziehbare Gründe:

1.Wahl   HASCHTMANN

Wir selber kennen eben J. Haschtmann seit 1989 und habem mit ihm nur allerbeste Erfahrungen. Zudem verkauft er meistens im Komplettpreis (Preis inkl. aller Nebenkosten – **vor allem ohne Bauzinsen**) und ist fast immer preiswerter als die gesamte Konkurrenz. Die Qualität seiner Objekt und Bauausführung ist unerreicht.

Derzeit ist kein Objekt verfügbar *(6/2019)*- entweder warten oder bei einem anderen suchen.

2. Wahl   BONAVA

Wir wählen hier das Objekt „Stadthäuser am Park", Bert-Brecht/Alfred Döblin" Wohnung Nr.103, 54 qm für 197.900.-€ ≠ 3.664.-€

Die Lage wurde, obwohl sie sehr weit von Berlin-Mitte entfernt ist, dennoch wegen der nahen Lage zum neuen Flughafen Berlin-Brandenburg und den noch moderaten Preisen in 2019 gewählt.

Die Wohnungen sind hervoragend geschnitten und durchdacht (siehe Bild unten).

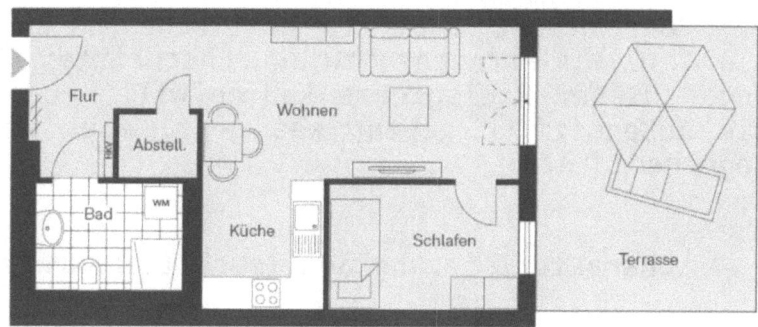

3. Wahl

Verimag oder Helma

Helma hat sich auf Einzelhäuser oder Hälften spezialisiert — ein Markt, der immer gefragt sein wird.

Schlussbetrachtungen in 6/2019

Berlin hat 2018 die kritische Marke von 5.000.-€ /qm erreicht bzw. durchschritten. Wer unter dieser Preisgrenze kaufen will, muss in die Außenbezirke gehen, was geht, aber weite Wege bedeutet.

Charakterisierung des Immobilienmarktes:

1. München

Unseres Erachtens i.A. völlig überhitzt und voraussichtlich erst in ca. 20 Jahren mit etwas Rendite/Gewinn verkaufbar. Von der Anlage daher eher Verlustgeschäft, als Mietrendite machbar, aber nicht wirklich gut.

Nicht empfehlenswert.

2. Berlin

Nicht überhitzt, aber vermutlich auch nicht sehr rentabel (Berlin war, ausgenommen der Förderprogramme für B-West, eigentlich noch nie rentabel).

Nur < 5.000.- /qm empfehlenswert.

3. Leipzig

Fast so teuer wie Berlin.

Akzeptables Invest, dennoch als Anlage problematisch, vermutlich kleine Renditen.

4. Chemnitz, Erfurt (Glauchau, Gera, Weimar)

Das sind die eigentlichen Favoriten und sind um ca. 2.500.-€/qm gelegen.

Charakterisierung des Anlagemarktes

Es gibt eigentlich nur 3 Kernbereiche

1   steuerlich geförderte Immobilien

2   Immobilien

3   Aktien

Gängige und normale Immobilien scheiden als Anlage mit dem Ziel Rendite mehr oder weniger aus, also bleiben:

1   **steuerlich geförderte** Immobilien

2   **Aktien**

Nachfolgend zwei Beispiele für sinnvolle Immobilien in Chemnitz:

Chemnitz — steuerlich geförderte Immobilie

< 3.000.-€/qm

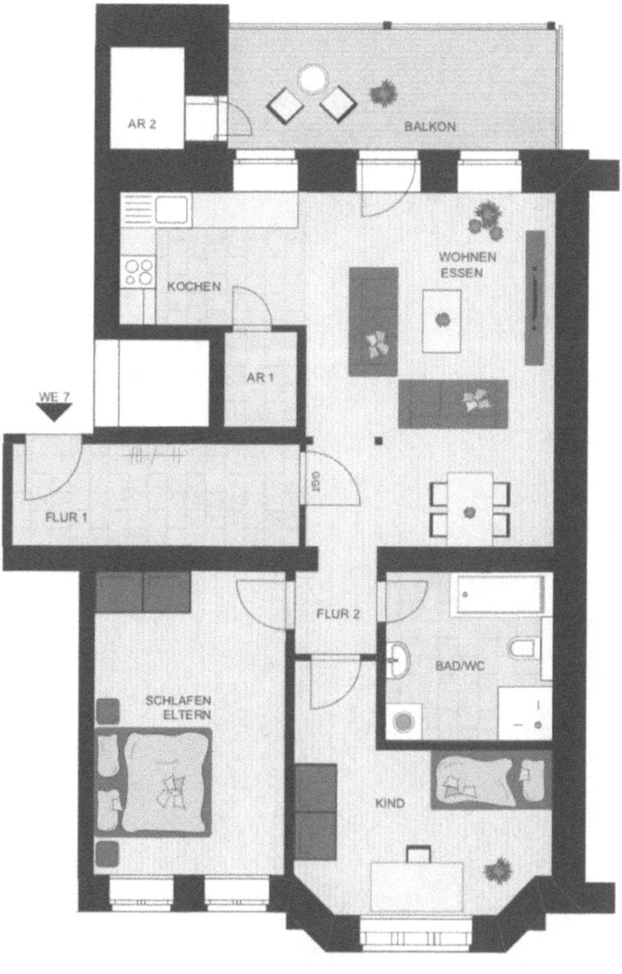

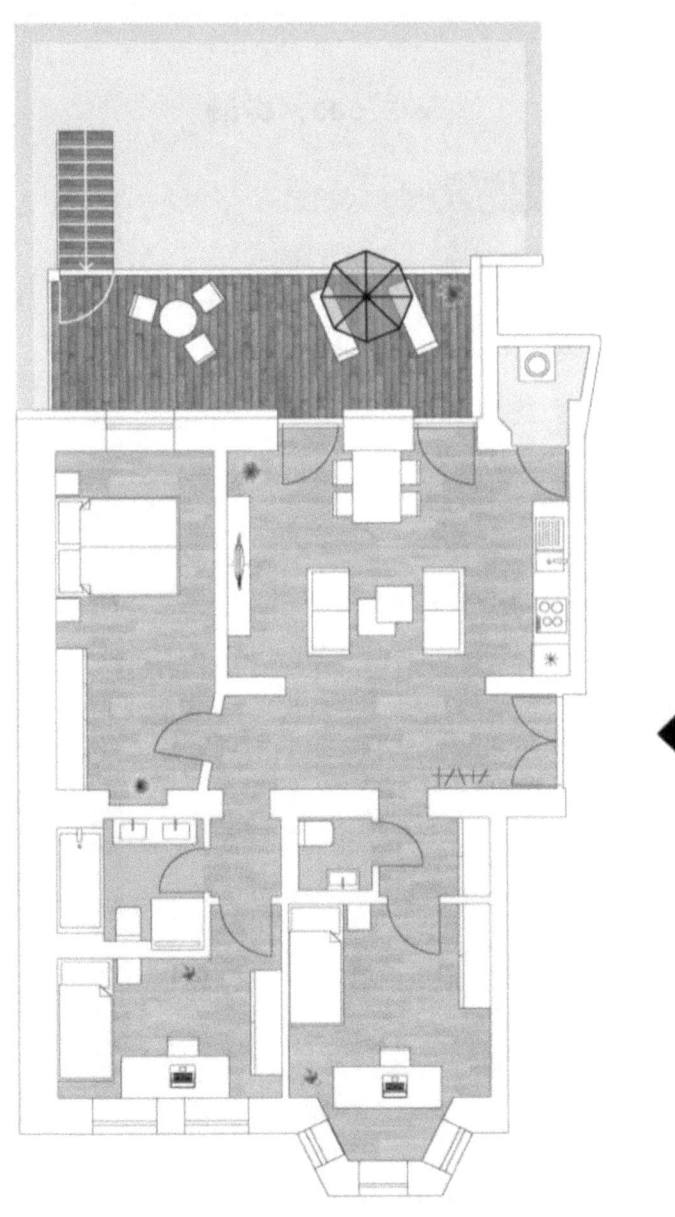

Dankmalimmobilien
95,89 qm für 290.000.-€

und so rechnet sich die Steuerersparnis (auch ähnlich für andere Standort Berlin oder Leipzig):

Kaufpreis: 2.545.-€/qm

Afa (7i/7h ESTG) : auf 2.036.€
Steuervorteiln in 12 Jahren: 86.492.-€

effekt. Kaufpreis: 1.440.-€/qm

Die gleichen Immobilien sind sinnvoll in:

BERLIN

POTSDAM

LEIPZIG

HALLE

ERFURT

WEIMAR

Zusammenfassung
und
Überblick

Folgt man seinem eigentlichen Menschenverstand dann sind Aktien und deren Kurse leicht verständlich, sofern man nicht auf Banker und Exbanker wie Advisors hört.

Im Grunde braucht es nur eine eigene Befragung nach den Namen, die heute jeder kennt:

Facebook, Twitter, Tumblr
Coca Cola, Nestle, McDonald
Mastercard, Visa
Amazon, ebay
Tesla
Paypal, netflix

Aus diesen Namen seine eigenen ETF-s zu entwickeln sollte doch keine allzu große Herausforderung darstellen.

Mein eigenes Depot sieht i.A. so aus:

66 %   Paypal-Aktie
33 %   Tesla
dazu 1 % in Lithium- Aktien (Pure Energy)

Immobilien sind die eigentliche Herausforderung einer Anlagenentscheidung.

Die Immobilienentscheidung ist zunächst auch eine Entscheidung der Finanzierung.

Die Banken wollen derzeit ca. 20 % an Eigenkapital bei gutem Verdienst (100.000.-€), da eine Immobilie mit ca. 400.000.- Fremdkapital etwa 750.-€ mtl. Rate erfordert.

Daher würde ich zuerst

1. bei Haschtmann nachsehen (hat i.A. nichts)

2. Ein Reihenhaus von Helma in Berlin-Spandau zu erstehen versuchen.

3. Wenn das nicht gelingt, würde ich in Chemnitz einen renovierten Altbau erstehen.

Renovierter Altbauten
Chemnitz

* effektiver Kaufpreis . ca. 1.800.-€/qm

* Belastung in den ersten 12 Jahren gegen
Null tendierend

Mut

Wer mutig ist, verzichtet auf Immobilien und kann auch nur mit einem gut eigen ausgewählten Portfolio aus

Amazon, NETFLIX
Bonavia, Patrizia
Paypal, Alphabet
Visa, Mastercard
Apple, Tesla

ganz gut leben.

Viel Glück.

Anhang:

Finanzmathematik:
http://www.ifip.tuwien.ac.at/lehre/267082/
vorlesung%20finanzmathematik.pdf

FSC
www.fsc.org
MIX
Papier | Fördert
gute Waldnutzung
FSC® C083411

Zeitfracht Medien GmbH
Ferdinand-Jühlke-Straße 7
99095 Erfurt, Deutschland
produktsicherheit@kolibri360.de